D1281524

Paramahansa Yogananda
(1893 – 1952)

CÓMO CONVERSAR *Con* DIOS

POR

PARAMAHANSA YOGANANDA

Título de la obra original en inglés publicada por
Self-Realization Fellowship, Los Ángeles, California:
How You Can Talk with God

ISBN 0-87612-168-7 (encuadernación en cartoné)
ISBN 0-87612-160-1 (encuadernación en rústica)

Traducción al español: *Self-Realization Fellowship*

Edición autorizada por el Consejo
de Publicaciones Internacionales
de *Self-Realization Fellowship*

Self-Realization Fellowship fue fundada en 1920 por Paramahansa Yogananda, como el órgano difusor de sus enseñanzas en el mundo entero. En todos los libros, grabaciones y demás publicaciones de *S.R.F.* aparecen el nombre y el emblema de *Self-Realization Fellowship* (tal como se muestran en esta página), los cuales garantizan que una determinada obra procede de la sociedad establecida por Paramahansa Yogananda y refleja fielmente sus enseñanzas.

Diseño de tapa: Assumpta Curry
Fotografía: Ron Dahlquist/Superstock

Primera edición:1995
Tercera impresión en cartoné: 2004
Tercera impresión en rústica: 2004
Self-Realization Fellowship

ISBN 0-87612-450-3 (encuadernación en cartoné)
ISBN 0-87612-451-1 (encuadernación en rústica)

Impreso en Corea

11597-543

Grande es la gloria del Señor. Dios existe, y es posible encontrarle. [...] Al avanzar por el sendero de la vida, silenciosa e infaliblemente comprobarás que Dios es la única posesión, la única meta que puede satisfacerte; pues sólo en Él se colmarán todos los deseos de tu corazón.

—Paramahansa Yogananda

CÓMO CONVERSAR Con DIOS

Es posible conversar con Dios; éste es un hecho incontrovertible. En la India, por ejemplo, presencié personalmente como algunos santos conversaban con el Padre Celestial. También nosotros —todos nosotros— podemos comunicarnos con Él. Y no me refiero a un mero monólogo, sino a una verdadera conversación, en la cual le hablamos a Dios y Él nos responde. Por supuesto, todos podemos *hablarle* al Señor, pero lo que voy a exponer hoy es cómo persuadir a Dios a que nos responda.

¿Por qué dudarlo? Las sagradas escrituras del mundo contienen numerosas descripciones de diálogos entre Dios y el hombre. La Biblia cita en uno de sus libros uno de los episodios más hermosos: «El Señor se apareció a Salomón en sueños por la noche; y le dijo Dios: 'Pídeme lo que quieras que te dé'. Salomón respondió: [...] 'concede, pues, a tu siervo, un corazón que entienda para juzgar a tu pueblo, para discernir entre el bien y el mal'. [...] Y le dijo Dios: 'Porque has pedido esto y, en vez de pedir para ti larga vida, riquezas o la muerte de tus enemigos, has pedido discernimiento para saber juzgar, cumplo tu ruego y te doy un corazón sabio e inteligente... También te concedo lo que no me has pedido: riquezas y gloria[1]'».

[1] *Libro Primero de los Reyes* 3:5-13.

David, por su parte, sostuvo numerosos diálogos con el Señor, incluso acerca de asuntos mundanos. «Consultó David a Dios, diciendo: '¿Debo subir contra los filisteos? ¿Los entregarás en mis manos?'. El Señor le respondió: 'Sube, pues yo los entregaré en tus manos[2]'».

SÓLO EL AMOR CONMUEVE AL SEÑOR

El hombre común ora sólo con la mente, y no con todo el fervor de su corazón. Semejantes oraciones son demasiado débiles como para obtener una respuesta del Señor. Debemos, pues, establecer una relación de confianza e intimidad con el Espíritu Divino, hablándole como lo haríamos a un padre o a una madre.

[2] *Libro Primero de las Crónicas* 14:10.

Nuestra relación con Él debe ser la expresión de un amor incondicional. Cuando recurrimos a Dios en su aspecto maternal, como la Madre Divina —más que en ningún otro aspecto suyo— podemos legítima y naturalmente exigir una respuesta. Dios está obligado a responder a semejante llamado, porque la naturaleza esencial de una madre es brindar amor y perdón a su hijo, no importa cuán pecador pueda él ser. La relación entre madre e hijo es la expresión más hermosa del amor humano que el Señor nos ha brindado.

Es importante tener una concepción específica de Dios (como la de Madre Divina, por ejemplo) para poder recibir de Él una respuesta clara. Y es preciso exigir su respuesta con gran intensidad; una oración titubeante no basta. Si afirmamos con resolución: «Él me responderá» y rehusamos creer lo contrario, y si continuamos confiando en Él —no importa cuántos años hayan pasado sin que nos haya contestado— llegará el día en que el Señor nos responderá.

En mi libro «Autobiografía de un yogui», he narrado algunas de las numerosas ocasiones en que he conversado con Dios. Era muy niño aún cuando escuché por primera vez la Voz Divina. Una mañana, sentado en mi cama, me sumí en una profunda ensoñación. La siguiente pregunta se presentó intensamente en mi conciencia: «¿Qué existe más allá de la oscuridad de los ojos cerrados?». Instantáneamente, un inmenso destello de luz se manifestó ante mi visión interior; imágenes de santos, meditando en grutas en las laderas de las montañas, surgieron como diminutas proyecciones cinematográficas en la gran pantalla luminosa dentro de mi frente.

—¿Quiénes sois?— pregunté en voz alta.

—Somos los yoguis de los Himalayas.

Es difícil describir la respuesta celestial; mi corazón se inundó de gozo. Aun después que la visión hubo desaparecido, los argentinos rayos continuaron expandiéndose en círculos cada vez más amplios, hasta el infinito.

«¿Qué es este maravilloso resplandor?», pregunté. «Soy *Ishwara* (el Señor). Soy la Luz», respondió la voz, semejante al murmullo de nubes.

Mi madre y mi hermana mayor, Roma, se

encontraban cerca cuando tuve esta experiencia, y ellas también oyeron la voz divina. La respuesta de Dios me colmó de tal felicidad que, en ese mismo instante, tomé la resolución de buscarle hasta alcanzar la unión total con Él.

La mayoría de la gente piensa que no es posible hallar sino oscuridad tras los ojos cerrados. Sin embargo, a medida que progresamos espiritualmente y nos concentramos en el ojo «único», situado en la frente, comprobamos que nuestra visión interior se abre. Entonces contemplamos un mundo diferente, un mundo pleno de luz y de esplendorosa belleza. Visiones de santos, semejantes a las de los yoguis de los Himalayas que yo contemplé, aparecen ante nosotros. Y si profundizamos aún más la concentración, escucharemos la voz de Dios.

Las escrituras sagradas se refieren, en numerosos pasajes, a la promesa del Señor de comunicarse con nosotros. «Me buscaréis y me encontraréis cuando me solicitéis de todo corazón[3]». «El Señor estará con vosotros mientras vosotros estéis con Él; si le buscáis, se dejará hallar de vosotros; pero si le abandonáis, os abandonará[4]». «Mira que estoy a la puerta y llamo; si alguno oye mi voz y me abre la puerta, entraré en su casa y cenaré con él y él conmigo[5]».

Si podemos, aunque sea una vez, «compartir el pan» con el Señor, romper su silencio, Él hablará con nosotros a menudo. Mas, al principio, es muy difícil. No es fácil conocer al Señor, por-

[3] *Jeremías* 29:13.

[4] *Libro Segundo de las Crónicas* 15:2.

[5] *Apocalipsis* 3:20.

que Él quiere asegurarse de que realmente anhelamos conocerle. Para comprobar si el devoto sólo lo desea a Él, Dios le pone a prueba. Y no hablará con el devoto mientras no esté convencido de que ningún otro deseo se oculta en su corazón. En verdad, ¿por qué habría Él de revelársele, si el corazón del devoto está colmado de anhelos de recibir solamente sus obsequios?

EL AMOR ES EL ÚNICO OBSEQUIO QUE EL HOMBRE PUEDE BRINDAR A DIOS

La creación entera ha sido concebida como una prueba para el ser humano. A través de nuestra conducta en este mundo, demostramos si realmente deseamos al Señor, o si preferimos sus regalos. Dios no nos obligará a que le deseemos a Él sobre todas las cosas, porque quiere que le brindemos nuestro amor espontáneamente, sin que Él nos lo «sugiera». He aquí el secreto principal de este drama universal. Aquél que nos creó, anhela nuestro amor. Y desea que se lo brindemos espontáneamente, sin tener Él que pedírnoslo. Nuestro amor es lo único que Dios no posee, a menos que decidamos entregárselo. Así pues, como vemos, incluso el Señor carece de algo que anhela: nuestro amor. Y jamás seremos felices mientras no se lo brindemos. En tanto continuemos siendo hijos díscolos, arrastrándonos cual pigmeos sobre esta tierra, clamando por los dones divinos e ignorándolo a Él, el Dador, sucumbiremos en los múltiples abismos del sufrimiento.

Puesto que Dios es la esencia misma de nuestro ser, no podremos expresar nuestra verdadera naturaleza hasta que no hayamos aprendido a manifestar su presencia, la cual mora en nuestro interior. Ésta es la verdad. Porque somos seres divinos, porque somos parte de Él, no nos es posible encontrar una satisfacción perdurable en las cosas materiales. «Nadie alberga a aquél que no me alberga a mí[6]». Mientras no halles tu contentamiento en Dios mismo, nada podrá brindarte verdadera satisfacción.

¿Es Dios personal o impersonal?

¿Es Dios personal o impersonal? Una breve discusión sobre el tema nos ayudará en nues-

[6] *The Hound of Heaven* por Francis Thompson.

tro anhelo de comunicarnos con Él. A mucha gente no le agrada la idea de un Dios personal. Consideran que una concepción antropomórfica es limitante y prefieren, por lo tanto, considerar a Dios como espíritu impersonal, todopoderoso, como la fuerza inteligente responsable del universo.

No obstante, si nuestro creador es impersonal ¿cómo se explica el hecho de que haya creado seres humanos? Nosotros somos personas: estamos dotados de una forma y poseemos individualidad. Pensamos, sentimos, ejercemos nuestra voluntad, y Dios nos ha capacitado no sólo para apreciar los pensamientos y sentimientos de los demás, sino también para responder a ellos. El Señor no puede ciertamente carecer de ese espíritu de reciprocidad que anima a sus propias criaturas. Y cuando se lo permitimos, el Padre Celestial puede establecer —y de hecho así lo hace— una relación personal con cada uno de nosotros.

Cuando consideramos el aspecto impersonal de Dios, tendemos a concebirlo como a un Ser remoto, quien se limita a recibir las oraciones que le ofrecemos, sin respondernos; un Ser que todo lo sabe, pero guarda un despiadado silencio. Éste es, sin embargo, un error filosófico, pues Dios es todo: Él es tanto personal como impersonal. El Creador de las personas, no puede ser totalmente impersonal.

El pensar que Dios pueda, en verdad, asumir una forma humana y venir a conversar con nosotros satisface una necesidad profunda de nuestro corazón. ¿Por qué no se manifiesta Él de esta manera ante todos? Muchos santos han oído la voz de Dios ¿Por qué no podrías también tú oírla? «Oh Señor, Tú eres invisible, impersonal, desconocido e incognoscible. Aun así, yo tengo fe en que, por la fuerza de mi devoción, pueda inducirte a asumir una forma tangible». De hecho, mediante su intensa devoción, el ser humano puede persuadir a Dios a que se manifieste en forma personal. Y también nosotros, al igual que San Francisco de Asís y otros grandes santos, podemos ver el cuerpo viviente de Cristo, si oramos con suficiente fervor. Jesús es una manifestación personal de Dios. «Aquél que conoce a Brahma (Dios) es Brahma mismo». ¿No dijo acaso Cristo: «Yo y mi Padre somos Uno[7]»?

[7] *San Juan* 10:30.

Swami Shankara también ha afirmado: «Yo soy Espíritu» y «Tú eres Aquello». Muchos de los grandes profetas han declarado que todos los seres humanos han sido hechos a imagen y semejanza de Dios.

Casi todo lo que yo sé, lo he recibido directamente de Dios y no a través de libros, pues leo muy raramente. Lo que comparto contigo lo he percibido directamente; es por esto que puedo hablar con autoridad, la autoridad que emana de mi percepción directa de la Verdad. El mundo entero puede opinar lo opuesto, pero, con el tiempo, el valor de la percepción directa será siempre aceptado.

¿Qué significa haber sido «hechos a imagen de Dios»?

La Biblia dice: «Porque a imagen de Dios hizo Él al hombre[8]». Nunca nadie ha explicado satisfactoriamente de qué manera el ser humano ha sido hecho a imagen de Dios. Existen muchas interpretaciones que tienen algo de verdad, pero el principal significado del pasaje bíblico es el siguiente: Dios es Espíritu; y el ser humano, en su naturaleza esencial, también es Espíritu.

El cuerpo humano en general, como asimismo la conciencia y la energía vital en él, son representaciones microcósmicas de Dios. En la conciencia residen la omnisciencia y la omni-

[8] *Génesis* 9:6.

presencia. Con el pensamiento podemos trasladarnos instantáneamente a la Estrella Polar o a Marte. En el pensamiento no existe separación alguna entre nosotros y las demás cosas existentes. Por lo tanto, en virtud de la conciencia que existe en el ser humano, puede decirse que ha sido hecho a imagen de Dios.

La conciencia es consciente de sí misma. Intuitivamente se autopercibe. Dios, mediante su conciencia cósmica, es consciente de sí mismo en cada átomo de la creación. «¿No se venden dos pajarillos por un as? Pues bien, ni uno de ellos caerá en tierra [sin el conocimiento de] vuestro Padre[9]».

El ser humano también posee el poder innato

[9] *San Mateo* 10:29.

de la conciencia cósmica, aunque pocos lo desarrollan. Dispone, además, de la voluntad, con la cual, al igual que el Creador, puede crear mundos instantáneamente. Pero pocos desarrollan este poder innato. Los animales no razonan, pero el ser humano sí puede hacerlo. Todos los atributos de Dios —conciencia, razón, voluntad, sentimiento, amor— los posee también el ser humano. Debido a estas cualidades, se puede decir que el hombre ha sido hecho a imagen de Dios.

El cuerpo físico no es materia, sino energía

La energía que sentimos en el cuerpo implica la existencia de un poder mucho mayor que el requerido para hacer funcionar tan sólo el vehículo físico individual. El poder de la energía cósmica que sostiene los universos, también vibra en nuestros cuerpos. La energía cósmica es un aspecto de Dios. Por lo tanto, incluso desde un punto de vista físico hemos sido hechos a imagen de Dios.

¿Qué es la energía que se encuentra en nuestro cuerpo? Nuestra forma física está compuesta por moléculas y las moléculas por átomos; los átomos a su vez están constituidos por electrones, y los electrones por fuerza vital o «vitatrones», es decir, por incontables billones de partículas de energía. Con el ojo espiritual vemos nuestro cuerpo como una masa de centelleantes partículas de luz: la energía que emana de sus veintisiete billones de células. Es solamente debido al engaño que percibimos el cuerpo como materia sólida. En realidad, no es materia sino energía.

Debido a que pensamos que estamos hechos de carne y hueso nos imaginamos a veces que somos débiles. Pero si nos percatamos de la presencia de Dios en nuestro cuerpo, comprenderemos que nuestra carne no es más que una manifestación física de los cinco elementos vibratorios: tierra, agua, fuego, aire y éter.

Los cinco elementos universales que componen el cuerpo humano

Todo el universo —el cual constituye el cuerpo de Dios— está hecho de los mismos cinco elementos que componen el cuerpo del ser humano. La forma de éste se asemeja a una estrella, cuyas cinco puntas —la cabeza, las dos manos y los dos pies— representan los rayos de estos cinco elementos. Así pues, también de este modo, hemos sido hechos a imagen de Dios.

Los cinco dedos de la mano también representan los cinco elementos vibratorios de la Vibración Cósmica Inteligente que mantienen la estructura de la creación. El pulgar representa el elemento vibratorio más denso: la tierra; de ahí su grosor. El índice representa el elemento agua. El dedo cordial representa el punzante elemento fuego, por eso es el más largo. El dedo anular representa el aire y el meñique representa el elemento más sutil, el éter. Al frotar cada dedo se activa la fuerza que éste representa. Por ejemplo, el frotar el dedo cordial (el cual representa el elemento fuego) contra el ombligo (ubicado frente al centro lumbar, o «centro del fuego» en la espina dorsal, que controla la digestión y asimilación) ayuda a superar la indigestión.

Dios manifiesta el movimiento en la creación. El ser humano ha desarrollado piernas y pies debido al impulso de expresar movimiento. Los dedos de los pies, por su parte, son materializaciones de los cinco rayos de energía.

Los ojos personifican a Dios el Padre, el Hijo y el Espíritu Santo, en la pupila, el iris y la parte blanca del ojo, respectivamente. Cuando nos concentramos en el punto medio entre las cejas, las corrientes de los dos ojos se reflejan como una sola luz y contemplamos entonces el ojo espiritual. Esta órbita ocular única es el «ojo de Dios». Hemos desarrollado solamente dos ojos, debido a la ley de la relatividad que prevalece en nuestro universo dual. Jesús dijo: «Si vuestro ojo fuese único, todo vuestro cuerpo estará lleno de luz[10]». Si miramos a través del ojo espiritual u ojo único de Dios, percibiremos que toda la creación está hecha de una sola sustancia: su luz.

UNO CON DIOS, UNO CON EL PODER DE DIOS

En último término, el ser humano posee un poder ilimitado. Cuando nuestra conciencia se une a la conciencia de Dios, es posible cambiar

[10] *San Mateo* 6:22.

cualquier cosa que se desee. Las partes de un automóvil pueden ser reemplazadas o cambiadas, de acuerdo a la necesidad; pero efectuar un cambio similar en el cuerpo es más complicado. El factor básico para lograrlo es la mente, que controla todas las células del cuerpo. Cuando el ser humano alcanza un completo dominio sobre su mente, puede reemplazar o cambiar a voluntad y tan a menudo como lo desee, todas las células y partes de su cuerpo. Por ejemplo, con sólo un pensamiento, podría cambiar los átomos del cuerpo, dando origen a la creación de una dentadura completamente nueva. Quienes se han desarrollado espiritualmente, disponen de un completo control sobre la materia.

El Señor es Espíritu; en su aspecto impersonal es invisible. Pero cuando creó el mundo físico se transformó en el Padre. Tan pronto como asumió el papel de Creador, se hizo personal, se hizo visible: el universo entero es el cuerpo de Dios.

En la forma del globo terrestre, Él tiene un lado positivo y otro negativo: los polos norte y sur. Las estrellas son sus ojos; el pasto y los árboles, su cabello, y los ríos son su torrente sanguíneo. El rugir del océano, el canto de la alondra, el llanto del recién nacido y todos los otros sonidos de la creación son su voz. Éste es el Dios personal. Su pulsante energía cósmica palpita en todos los corazones. Él camina en los millones de pares de pies de la humanidad. Él trabaja a través de todas las manos, es la Conciencia Única Divina que se manifiesta a través de todos los cerebros.

Debido a la ley divina de atracción y repulsión, las células del cuerpo humano se mantienen armoniosamente unidas, tal como las estrellas se mantienen en equilibrio en sus respectivas órbitas. El Señor omnipresente permanece siempre activo; no existe lugar alguno que carezca de cierta forma de vida. Con una prodigalidad ilimitada, Dios proyecta incesantemente formas proteicas: inagotables manifestaciones de su energía cósmica.

El Espíritu Divino tenía una idea o patrón bien preciso cuando creó el cosmos. Primero, Él materializó todo el universo y luego creó al hombre. Al modelar para sí mismo un cuerpo físico, formado de sistemas planetarios, Dios manifestó tres aspectos: la conciencia cósmica, la energía cósmica y la masa o materia cósmica.

Estos tres componentes corresponden respectivamente a los tres cuerpos del ser humano: causal o relativo a las ideas, astral o energético, y físico. Y el alma, o la Vida que los sostiene, es el Espíritu.

El Espíritu se manifiesta macrocósmicamente como conciencia cósmica, energía cósmica y cuerpos celestes; se manifiesta microcósmicamente como la conciencia, la energía y el cuerpo humanos. Así vemos, nuevamente, que en realidad el ser humano ha sido hecho a imagen de Dios.

DIOS «HABLA» MEDIANTE LA VIBRACIÓN

Dios ciertamente puede presentarse ante nosotros en forma física. Él es mucho más per-

Pintura de Jagannath (Kalyana-Kalpataru)

La Madre Divina

El aspecto maternal de Dios, la Madre Divina, es representado en el arte hindú como una mujer con cuatro brazos. Una mano se encuentra levantada, simbolizando su bendición universal; en las otras tres manos sostiene respectivamente una sarta de cuentas, como símbolo de devoción; páginas de las escrituras, simbolizando erudición y sabiduría; y un jarrón artístico que representa riqueza.

sonal de lo que imaginamos. Él es tan real y concreto como nosotros. Esto es lo que deseo poder comunicarte hoy. El Señor siempre está respondiéndonos. La vibración de su pensamiento está emanando constantemente; esto requiere energía, y la energía se manifiesta como sonido. Éste es un punto muy importante: Dios es conciencia, Dios es energía. «Hablar» significa vibrar. En la vibración de su energía cósmica, Él está «hablando» constantemente. Él se ha convertido en la Madre de la creación, que se materializa a sí misma como sólidos, líquidos, fuego, aire y éter.

La Madre invisible está expresándose continuamente a través de formas visibles: en las flores, las montañas, los mares y las estrellas. ¿Qué es la materia? Nada más que una frecuencia específica de vibración de la energía cósmica de Dios. Ninguna forma en el universo es realmente sólida. Aquello que parece sólido es meramente una vibración compacta o densa de su energía. El Señor nos está hablando mediante vibraciones. Pero la pregunta que surge es: ¿cómo comunicarnos directamente con Él? Éste es el logro más difícil de todos: poder hablar con Dios.

Si le hablamos a una montaña, ésta no responderá. Si le hablamos a las flores —como lo hacía Lutero Burbank— es posible percibir en ellas una leve respuesta. Y, por supuesto, podemos dialogar con otras personas. ¿Pero es Dios menos sensible que las flores o que los seres humanos, ya que nos deja hablarle sin respondernos? Así parecería, ¿no es cierto? El problema no está en Él, sino en nosotros. Nuestro sistema telefónico intuitivo se encuentra descompuesto. Es por eso que, aun cuando Dios nos está llamando y hablándonos, nosotros no le escuchamos.

LA VIBRACIÓN CÓSMICA «HABLA» TODAS LAS LENGUAS

Los santos, sin embargo, le oyen. Cada vez que cierto maestro que conocí oraba, parecía como si la voz de Dios le respondiera desde el cielo. Dios no necesita una garganta para poder hablar. Si oramos con suficiente intensidad, las vibraciones de nuestras oraciones atraerán inmediatamente una respuesta vibratoria, la cual se manifestará en cualquier idioma que estemos acostumbrados a oír. Si oramos en alemán, escucharemos la respuesta en alemán. Si oramos en inglés, oiremos la respuesta en inglés.

Las vibraciones de los diferentes idiomas tienen su origen en la vibración cósmica. Siendo Dios la vibración cósmica misma, Él conoce todos los idiomas. ¿Qué es el idioma? Es una cierta vibración. ¿Y qué es una vibración? Es una cierta energía. ¿Y qué es la energía? Es un cierto pensamiento.

Aunque Dios oye todas nuestras oraciones, no siempre nos responde. Nuestra situación es como la de un niño que llama a su madre, pero la madre no considera necesario acudir. En lugar de ello, le envía un juguete para apaciguarlo. Pero cuando el niño rehusa dejarse consolar, excepto con la presencia de su madre, ella acude. Asimismo, si queremos conocer a Dios, debemos actuar como un bebé caprichoso, que llora hasta que la madre viene.

Si decides no dejar de llorar nunca por la Madre Divina, Ella hablará contigo. No importa cuán ocupada se encuentre con los quehaceres domésticos de la creación, si persistes en tu llanto, Ella no podrá dejar de responderte. Las escrituras hindúes aseguran que si un devoto le habla a Dios con intensa devoción, por un día entero y toda una noche, sin interrupción, Él responderá. Pero, ¡cuán pocos lo hacen! Cada día tienen «compromisos importantes»: el «demonio» que les mantiene alejados de Dios. El Señor no vendrá si le ofreces tan sólo una pequeña oración y luego empiezas a pensar en otras cosas; o si rezas así: «Padre Celestial, te estoy llamando, pero tengo tanto sueño. Amén». San Pablo dijo: «Orad incesantemente[11]».

El paciente Job mantuvo largas conversaciones con Dios. Job le dijo al Señor: «Escucha, deja que yo hable: voy a interrogarte y Tú me instruirás. Yo te conocía sólo de oídas, mas ahora te han visto mis ojos[12]».

Cuando un amante expresa su devoción en forma mecánica, su «amada» sabe que sus palabras no son sinceras; ella «escucha» lo que él realmente siente en su corazón. En forma similar, cuando los devotos de Dios oran al Señor, Él sabe si sus corazones y mentes están áridos de devoción y si sus pensamientos se precipitan frenéticamente en todas direcciones. Dios no res-

[11] *Primera Epístola a los Tesalonicenses* 5:17.
[12] *Job* 42:4-5.

ponde a los llamados carentes de devoción. Pero a aquellos devotos que, día y noche, le oran y hablan con la más profunda intensidad, Él se les manifiesta; Dios se presenta infaliblemente ante tales devotos.

NO NOS DEMOS POR SATISFECHOS CON NADA INFERIOR A LO MÁS ELEVADO

No perdamos el tiempo en nimiedades. Naturalmente, es más fácil obtener de Dios otros dones, en lugar del supremo don de Sí Mismo. Pero no debemos dejarnos satisfacer con nada inferior a lo más elevado. En sí mismos los obsequios que he recibido de Dios no han tenido importancia alguna para mí, excepto la de permitirme ver en ellos al Dador Supremo. ¿Por qué se han materializado todos mis deseos? Porque profundizo, porque recurro directamente a Dios. En cada aspecto de la creación le veo a Él. Él es nuestro Padre; Él es más cercano que lo más cercano; es más amado que lo más amado; es más real que toda persona. Él es tanto incognoscible como conocible.

Dios está clamando por nosotros. Él añora que retornemos a Él. Éste es nuestro derecho de nacimiento. Algún día tendremos que abandonar esta tierra, puesto que no es nuestra morada. La vida terrenal es sólo una escuela en la cual Él nos ha colocado para ver cómo nos comportamos aquí; eso es todo. Antes de revelársenos, Dios desea saber si sólo anhelamos el oropel de la gloria terrenal, o si hemos adquirido suficiente sabiduría como para decir: «Estoy harto de todo esto, Señor. Deseo hablar contigo solamente. Sé que Tú eres lo único que realmente poseo. Tú permanecerás conmigo cuando todos los demás se hayan marchado».

Los seres humanos buscan la felicidad en el matrimonio, en el dinero, en el vino y así sucesivamente, pero quienes así lo hacen son títeres del destino. Una vez que alcanzamos esta profunda comprensión, descubrimos el verdadero propósito de la vida y naturalmente comenzamos a buscar a Dios.

Debemos exigir reposeer nuestra perdida herencia divina. Mientras menos egoístas seamos, más trataremos de procurar la felicidad de los demás, y más probable será que pensemos en Dios. Por el contrario, mientras más pensemos en metas mundanas y deseos humanos, más se alejará de nosotros la felicidad del alma. No hemos sido puestos aquí en la tierra para arrastrarnos por el cieno de los sentidos y ser atenazados continuamente por el sufrimiento. Lo que es mundano pertenece al mal, porque suprime la bienaventuranza del alma. La mayor felicidad proviene de enfocar todos nuestros pensamientos en Dios.

¿Por qué posponer la felicidad?

¿Por qué no miras hacia el futuro? ¿Por qué otorgas tanta importancia a meras trivialidades? La mayoría de la gente se concentra en el desayuno, el almuerzo y la cena, en el trabajo, las actividades sociales, y así sucesivamente. Haz tu vida más simple y pon toda tu mente en el Señor. La tierra es un lugar de preparación para volver a Dios. Él desea saber si le amamos más que a sus regalos. Él es el Padre y todos somos sus hijos. Él tiene derecho a nuestro amor y nosotros tenemos derecho a su amor. Nuestros problemas surgen cuando le abandonamos. Pero Él está siempre esperándonos.

Yo sólo desearía que Él nos hubiese dotado a todos de un poco más de sentido común. Poseemos la libertad de desechar a Dios o de aceptarle. Y henos aquí mendigando, mendigando, mendigando para obtener un poco de dinero, un poco de felicidad, un poco de amor. ¿Por qué pedir cosas que algún día deberán serte arrebatadas? ¿Por cuánto tiempo más estarás quejándote de la falta de dinero, de las enfermedades y de las dificultades? ¡Apodérate de la inmortalidad y del reino de Dios! Esto es lo que realmente deseas.

Un reino divino está en juego

Los santos enfatizan el desapego, para evitar que algún fuerte apego material nos impida alcanzar el reino de Dios en su totalidad. La renunciación no significa abandonarlo todo; significa reemplazar pequeños placeres por la bienaventuranza eterna. Dios nos habla cuando trabajamos para Él, y deberíamos conversar constantemente con Él. Confiémosle cualquier pensamiento que venga a nuestra mente. Digámosle: «Señor, revélate, revélate». No aceptemos su silencio como respuesta. Al principio Él nos responderá dándonos algo que hayamos deseado, demostrándonos que hemos captado su atención. Pero no nos conformemos con sus regalos. Hagámosle saber que no nos sentiremos satisfechos hasta que no le tengamos a Él mismo. Finalmente, Él nos dará una respuesta: tal vez veamos el rostro de algún santo, en una visión; o escucharemos quizás la Voz Divina hablándonos; y sabremos entonces que estamos comulgando con Dios.

Se requiere de un firme e incesante fervor para persuadirle a entregársenos. Nadie puede enseñarnos ese fervor. Tenemos que desarrollarlo por nuestra propia cuenta. «Es posible conducir a un caballo al abrevadero, pero no es posible forzarle a beber». Sin embargo, cuando el caballo tiene sed, busca el agua con celo. Asimismo, cuando tu sed de Dios sea inmensa, cuando dejes de otorgarle inmerecida importancia a todo lo demás —las pruebas del mundo o las pruebas del cuerpo— entonces, Él vendrá. Recuerda: cuando el llamado de tu corazón sea intenso —cuando no aceptes ya ninguna excusa— Él vendrá a ti.

Debes desechar de tu mente toda duda de que Dios vaya a responderte. La mayoría de la gente no obtiene respuesta alguna debido a su incredulidad. Pero si estás totalmente resuelto a lograr algo, nada puede detenerte. Es cuando te das por vencido, que dictas el veredicto en tu contra. La persona de éxito no conoce la palabra «imposible».

La fe es el ilimitado poder de Dios en nuestro interior. Dios sabe, mediante su conciencia, que Él creó todas las cosas; por lo tanto, tener fe significa saber y poseer la convicción de que estamos hechos a imagen de Dios. Cuando nos encontramos interiormente en sintonía con la conciencia divina, podemos crear mundos. Recuerda que en tu voluntad yace el omnipotente poder de Dios. Cuando un sinnúmero de dificultades te amenazan y rehusas darte por vencido a pesar de ellas; cuando tu mente se enfoca inamoviblemente en la meta —totalmente dispuesta a vencer— comprobarás entonces que Dios te responde.

Dios, siendo vibración cósmica, es la Palabra o Verbo. Dios, como el Verbo, está susurrando a través de todos los átomos de la creación. La música que surge del universo puede ser escuchada por los devotos que meditan profundamente. Ahora, en este mismo instante, estoy escuchando su voz. El Sonido Cósmico[13] que oímos en la meditación, es la voz de Dios. Ese sonido se manifiesta a través de un lenguaje inteligible para nosotros. Cuando escucho el sonido de *Om*, y ocasionalmente le pregunto a Dios algo en particular, ese sonido de *Om* se transforma en idioma inglés o bengalí y me da instrucciones precisas.

Dios también le habla al ser humano a través de su intuición. Si aprendes a oír la Vibración Cósmica[14], te será más fácil oír su voz.

[13] *Om*, la consciente e inteligente vibración cósmica o Espíritu Santo.

[14] Mediante la práctica de una antigua técnica que se enseña en las «Lecciones de *Self-Realization Fellowship*».

Pero incluso si tan sólo oras a Dios a través del éter cósmico, y tu voluntad es lo suficientemente fuerte, el éter te responderá con su voz. Él está siempre hablándote, diciéndote:

«Llámame, háblame desde las profundidades de tu corazón, desde el centro mismo de tu ser, desde las profundidades de tu alma; persistentemente, majestuosamente, decididamente, con la firme resolución en tu corazón de que continuarás buscándome, no importa cuántas veces yo no te haya respondido. Si en tu corazón me susurras incesantemente: '¡Oh, mi silencioso Bienamado, háblame!' Yo vendré a ti, devoto mío».

Si sólo una vez logras esa respuesta, nunca más te sentirás separado de Él; tal experiencia divina permanecerá contigo para siempre. Pero esa «primera respuesta» es difícil de obtener, porque el corazón y la mente no están convencidos; la duda se desliza furtivamente en nuestra conciencia, debido a las creencias materialistas que hemos albergado con anterioridad.

Dios responde a los susurros del corazón de los verdaderos devotos

Dios responderá a cada ser humano, independientemente de su casta, credo o color. Conforme a cierta máxima bengalí, si con toda el alma llamas a Dios, como la Madre Universal, Ella no podrá permanecer en silencio, sino que tendrá que contestarte. ¿No es esto hermoso?

Piensa en todos los conceptos que hoy han venido a mi mente y que he compartido contigo. Nunca más debes dudar de que Dios te responderá, si eres constante y persistente en tus oraciones. «Y el Señor hablaba con Moisés cara a cara, como habla un hombre con su amigo[15]».

[15] *Exodo* 33:11.

Reseña del autor

Paramahansa Yogananda (1893-1952) es mundialmente reconocido como una de las personalidades espirituales más ilustres de nuestro tiempo. Nació en el norte de la India y en 1920 se radicó en los Estados Unidos de América, donde enseñó, por más de treinta años, la antigua ciencia de la meditación originada en su tierra natal, y divulgó el arte de vivir la vida espiritual en forma equilibrada. A través de la célebre historia de su vida, *Autobiografía de un yogui,* así como también por medio de sus numerosos otros libros, Paramahansa Yogananda ha dado a conocer a millones de lectores la perenne sabiduría de Oriente. *Self-Realization Fellowship*, la sociedad internacional que él fundó en 1920 con el fin de diseminar sus enseñanzas en todo el mundo, continúa llevando a cabo su obra espiritual y humanitaria, bajo la dirección de Sri Daya Mata, quien se cuenta entre las primeras y más fieles discípulas de Paramahansa Yogananda.

OBRAS DE PARAMAHANSA YOGANANDA

Autobiografía de un yogui

Charlas y ensayos:
Volumen I, La búsqueda eterna
Volumen II, El Amante Cósmico
Susurros de la Madre Eterna
Máximas de Paramahansa Yogananda
Afirmaciones científicas para la curación
Meditaciones metafísicas
La ley del éxito
La ciencia de la religión
Cómo conversar con Dios
En el santuario del alma
Donde brilla la luz
La paz interior

OBRAS DE OTROS AUTORES:

Swami Sri Yukteswar
La ciencia sagrada

Sri Daya Mata
En la quietud del corazón
El gozo que buscas está en tu interior
Sananda Lal Ghosh
«Mejda»: la familia, niñez y juventud de Paramahansa Yogananda

Los libros mencionados se pueden adquirir en diversas librerías o pedirse directamente a:

SELF-REALIZATION FELLOWSHIP
3880 San Rafael Avenue
Los Angeles, CA 90065-3298, EE.UU.
Tel.: (323) 225-2471 • Fax: (323) 225-5088
www.yogananda-srf.org

Tenemos a su disposición nuestro catálogo gratuito de libros y grabaciones de audio y video.

Las Lecciones de Self-Realization Fellowship

Las técnicas científicas de meditación que enseñó Paramahansa Yogananda, entre las que se incluye *Kriya Yoga,*—al igual que su guía sobre cómo llevar una vida espiritual equilibrada—se describen en las *Lecciones de Self-Realization Fellowship.* Si desea recibir mayor información al respecto, sírvase solicitar el folleto gratuito *Un mundo de posibilidades jamás soñadas.*